DO mayor

una historia escrita
entre mis letras y sus acordes

ángela suazo

A Mario y Alexa, que me saben feliz cuando escribo.
A ti, Madre, que estés donde estés, estás conmigo.
A ellas y a él, que me sostuvieron cuando caía.
A la palabra musa que has sido para mí.
A ti, que al leerme, me hiciste escritora.

"Así, por donde pasas, vas dejando
sucesivas imágenes
que, aunque invisibles,
están ahí y que puedo
ver con los ojos del amor. Son como
migajas de hermosura,
pequeñas vibraciones
del aire, notas sueltas
de una canción que tal vez nunca
llegó a sonar."

La huella
-Rafael Guillén

Primera edición: Septiembre 2020
ISBN (físico): 978-9945-09-465-7
ISBN (digital): 978-9945-09-466-4
Diseño y diagramación: Mich Del Villar
Diseño de Portada: Mich Del Villar
Fotografía de la autora: Eury Ricardo López
Impresión Editora Tele3
Impreso y hecho en República Dominicana

índice

en este libro solo encontrarás mis letras, busca sus acordes en la lista de canciones "DO mayor" por ángela suazo en spotify o escanea este código para que encuentres un maridaje perfecto.

esta es una *historia* contada a versos y silencios,
desde ese día en que un desconocido parado a mi izquierda,
formalmente preguntó "¿quién es ángela suazo?" inocente,
sin saberme a los pies del Monte Parnaso cuando él sonrió,
de rodillas ante la horca, "soy yo", respondí.

le siguieron mil conversaciones que se entretejieron
con los hilos de otras rimas. una invitación, un café
que se convirtió en vino, y se nos hizo el milagro
de muchas madrugadas escritas para siempre
en mi lienzo y en mi corazón.

una fábula contada y cantada por un coro de voces
que susurraban palabras que elegí creer eran de amor.

una oda a lo que fue, lo que no es, lo que no pudo ser,
lo que quizás nunca fue. una sinfonía inacabada que
en el oráculo no dejaba de salir.

estas son las huellas de un minotauro que me siembra
la magia y la duda siempre. me arrastra al pozo de
las musas, para tirar la moneda y pedir la cruz.

gracias, por vivir conmigo una *historia* escrita
entre mis letras y tus acordes, por hacerme cantar
para ti cuando no sabía cantar.

ese azaroso azar
que te trajo hasta mí
justo esa noche de lluvia,
Ley de Murphy
que encontró la llave y la puerta,
que había jurado para tales fines,
cerrada tener.

con cara de póker y sonrisa de *blackjack*,
te recibí. de la manga un as me sacaste,
con una jugada que marcó mi suerte,
con racha providencial e inesperada.

sentado a mi lado, me miraste,
desafiando las probabilidades
salió tijera. yo papel.
tu cero. yo cruz.

calculando las estadísticas
en el *Dervy de Kentucky,*
que corría hasta mi colchón.
al caballo ganador
y al jinete experto apostaste.

apostaste al siete en tu casino
con mis dedos entre los tuyos.
noventa y nueve números en la lotería,
con mis ojos entre los tuyos.
unos dados salieron par tres veces,
con mis labios entre los tuyos.
¿cara o cruz?
con mis piernas entre los tuyas.
tres *cherries* en una tragamonedas,
llenándome de besos los bolsillos.
cantaste el setenta y cinco de mi bingo,
y me llenaste los cartones.
la victoria de mi orgasmo,
el empate, y esa forma de derrota
del minuto después.

ruleta rusa, dijiste entre risas.
y yo de pie, frente a tus labios,
sin escudo, sin armas y sin pertrecho.
me atreví a decir:
          dispara, la casa siempre gana.

miope soy,
intentando enfocar
tras mis mustios cristales,
una mirada perdida.
el suspenso que se revela
y se desvela en un horizonte
lejano y borroso.

vidrio frío por el miedo de otro abismo,
por la herida de otro sueño,
su peso sobre el tabique,
yo intentando enfocar,
solo encuentro un paisaje
anegado de historias jamás vividas,
mil cuentos jamás contados.

cristal, cóncavo o convexo,
como cantaba Roberto.
ojos ajenos y ajados por el paso del tiempo,
viendo y viviendo primaveras oscuras,
fríos veranos y ardientes inviernos.

tengo la curiosidad escondida
tras mi visión nublada por el polvo,
huyendo del brillo que de tu sonrisa escapa.

tengo las gafas rayadas,
una lente empañada -opaca por dentro-,
un valiente corazón casi muerto.
y del otro lado tú
que con suspiro valiente me quitaste las gafas,
y vi.

¿has leído a Oscar Wilde?

inquisitivo, como siempre,
preguntaste. no, respondí.

no hay excusa.
me retaste,
con un vuélveme a llamar
cuando por fin lo hayas leído,
te despediste ese día.

el Retrato,
el de Dorian,
el de Gray,
sabías que
sumisa y obediente,
esas páginas abriría,
quedando atrapada
devorándolo sin opción a rescate.

sabías quedaría deslumbrada por
la belleza de Dorian,
la pasión del artista,
la inocencia del arte,
la sabiduría del lord.
el poder. el pecado.
la impotencia. la conciencia.
el dolor.
el cuadro.

la belleza. la decadencia.
el talento.
la muerte. la fuerza.
el misterio.
el vicio. el color.
el cuadro.

el arte. la magia.
la ilusión.
y yo.

yo perdida,
yo absorta,
yo de pie frente al lienzo
que sangraba,
que mataba y que moría.
yo cabizbaja.
yo sorprendida.
yo dividida.
yo Henry,
yo Basil,
yo Dorian.

suena a lo lejos una melodía
que parece que me habla,
que me rasga y me acaricia.
una voz para leerse a media luz,
mi cabeza sobre tu hombro,
la esperanza desnuda,
abrazada al exceso de querer más.
musitándole sueños a esta vigilia,
durmiendo al ritmo melódico y acompasado
de las voces que me adornan el camino
desde que me besas tú.

quiso la esfinge fingir,
romper el cielo con alas de águila,
vestir de flores su primavera
deshojando sus colores
atada a tu cintura.

quiso sostener, como yo,
con sus garras de león,
el sol de tu verano que en su templo ardía
hundirlo en el cauce de su río,
o en las olas de su mar.

quiso con su cuerpo de buey,
arar el otoño leyendo a tu lado.
esperando el invierno,
calentando tu mano.

quiso la esfinge fingir
quiso la esfinge,
ser mujer.

quiero un alma

que no viva tras bastidores,
que se abra a sí misma el telón,
que se reinvente el guión.
quiero un alma que mute,
que resurja y vuele al viento,
sin espanto.

quiero un alma
que haga de la vida su escenario,
que se ría su comedia,
quiero actuar mi propio papel,
no huir a los aplausos del claqué.
quiero un alma que estando libre,
se transforme, que se eleve,
que algunas veces vuele,
y otras se arrastre al ras del suelo,
al que Sabina le canta.

quiero un alma libre,
que se vista de drama y de odisea,
sin disfraces, ni reservas, que sonría por dentro,
como me haces sentir tú sin proponértelo.

quiero un alma
que deje que las musas fluyan y la rijan,
que viva enamorada del verbo amar.
que cuando quiera ser un alma libre,
y vestir su piel con tu piel,
lo sea.

DO
mayor

el Nobel de tu beso al terminar de cantar
fue mi premio.
el silencio después, el acorde perfecto.

a qué saben los sueños, me pregunté.
saben a madrugada contigo
a sonrisas ciegas, miradas a medias,
suspiros que anhelan ser gemidos.
un trago que quema, labios que esperan.

¿a qué saben los sueños?
saben a esa guitarra durmiendo en tus brazos,
esos versos que caminan de puntillas en mis labios
para morir en el silencio de tu boca.
al jazz que a lo lejos suena
aunque no suenen ni Louis ni Ella.

cuando se sueñan,
los sueños saben a miedo y a frío,
saben a noches perfectas
saben al humo y a la vela que me queman el olvido.
quimera envuelta en crema,
el deseo cobarde de que el "no" me arrebates.

¿a que saben los sueños cuando se hacen realidad? pensé.
al verte sonreír,
"a esto", me respondí.

brinda conmigo.
este coñac se toma con jazz a las rocas
con un saberte que me rompe
los supuestos de perderte,
quemándome temores,
sembrándome a fuego en la garganta,
dos te quiero, uno para llevar
y otro, para disfrutar aquí.

me valen

los nervios de quinceañera, el suspiro entrecortado,
el nudo en la garganta, el sudor de mis manos,
la duda frente al armario, las mil lecturas del menú,
el orgullo que se quiebra en el beso que te robo,
el deseo del que huyes en el beso que me das,
la tonada que coreo con tus ojos,
me vale lo que me falta contigo.
me vale lo que me sobra sin ti.
me vale el va y viene, que viene y se va.
me vales tú.

***alfombra roja bajo mis pies**
deslumbrada quedé
de esa forma de sosiego que descubrí
sentada a tu lado esa noche en el teatro,
sabiendo que en el aplauso final
iniciaba la ópera de mi vida.

víctima y victimario de la injerencia de una brisa
que me empujaba,
ese habitual gesto que alegaba frio,
ese habitual brazo que me abrazaba,
bordeando la sospecha, rodeando la duda.
el alma que alcanzaba el cuerpo,
al descubrirse, descubierto.

tu propio país, eres.
ese estado soberano, políticamente independiente,
a donde con gusto emigré.
llegando sin vuelo y sin aduanas a tus puertas,
quemé banderas y fronteras a tus pies.

lo primero que descubrí fue un lenguaje por descifrar.
con canciones y poemas, rápidamente *"mi mamá me ama"*,
y *"lleva tu guitarra a mi casa"*
con tu Nacho quise a aprender a escribir.
luego supe cómo y con qué se pagan las deudas.
el precio de un beso, el valor de un verso,
un libro a crédito, si es un clásico, mejor.

me costó más comprender a cuál dios le creen,
y a que santo le rezan los qué no creen en creer.
o adaptarme a ese sentido del tiempo
que normaliza la madrugada,
al uso de la ilusión como método de conversión.

aquel silbido por himno que habla de libertad.
sin escudo, ni animal nacional,
y sin más deporte que aquella olimpiada en mi cama.

estoy en la puerta de tu embajada,
pidiendo asilo, techo para una noche,
tierra para sembrar esperanza.

ven.

ven y bésame,
¡cómo me besas en ese minuto
que le robamos a la noche!,
al pie de esa puerta que gime chismosa,
bajo esa ventana. a hurtadillas.
a oscuras, como tu sonrisa.
sin pausa. sin prisa.
como tu mirada.
esa cueva donde me tienes
cuando no tienes tiempo de tenerme.

esto es una intimación.

me podría olvidar de todo lo que te presté, pero no puedo.
quedó todo registrado y debidamente archivado,
en un folio que he llamado *besos por cobrar.*
esa mirada de la que tímida escapo o lo intento,
hasta que del ruedo de la falda me atrapa el escalofrío en la piel,
que me regala el recuerdo de todo lo que te entregué.

te presté mis labios y me mordiste un suspiro.
mi cintura, y me enterraste a besos un gemido.
mis piernas y me hiciste volar.
entre tus dedos, cera, mis dedos volví,
te arrendé el centro de mi pasión,
y plantaste tu bandera.

pagaste a plazos con tu aliento,
pero no fue suficiente, aquí tienes un saldo pendiente,
con mi olvido o con mi cuerpo,
o me pagas,
o devuélvemelos.

filosofando,
abstrayéndonos como Dios,
que después de creado, dejó el paraíso en tus manos,
para disfrutarlo en turnos rotos a ratos.
para pecar de impuros y de ingratos,
para olvidar lo que significa la palabra pecado.

que nos tenga miedo el miedo
si abrazados de pie me respiras al oído,
aunque salga la torre en el tarot,
o el dos de copas me sorprenda invertido.
aunque no nos dejara el café sombra en la taza,
y el péndulo apunte a este y no a aquel.

que tiemble el temblor
si te encuentro mirándome y sonrío.
que encuentre pies y corra
hasta el último de los resquicios
de esta distancia,
porque si me respiras otra vez,
aunque los libros del destino
cuenten drama o tragedia,
karma o alma.
en esta o en la siguiente vida
si me respiras, me asfixio,
y tú también.

es un hecho,
me has sucedido en muchas formas,
de la a a la z, adjetivos, sustantivos,
y un millón de verbos conjugados
en tiempos casi siempre perfectos.

me has sucedido
como el barro en las manos,
como el calor de la cocina,
como la arena en el mar,
como las lluvias de mayo.
me has sucedido
avasallante, galopante, trepidante.
entre menos y entre más

me has sucedido en la guerra y en la paz,
en la sentencia y en la condena,
por asalto y por destino,
como le sucede el Yin al Yang
como la caída del Muro de Berlín
y el sueño de Martin Luther King.

me has sucedido
como se suceden los besos
entre dos que por un instante creen ser uno,
como suceden las cosas
que deben suceder,
inevitables, inexorables,
sin miedo a cicatrices.
interminables.

afuera oscurece,
oigo el canto de la lluvia,
pero no estoy en tu mueble
y no está tu puerta por cerrar.

afuera llueve y dentro de mí, también.
estoy bordando una manta
que cubra de amnesia tus besos,
para ver si así logro dormir.
no están tus manos, ni tus canciones,
no estamos, no estás,
no estoy, lo sé.

afuera llueve y dentro de mí,
en el silencio de mis ojos cerrados,
abrazada a esta almohada
le canto a las gotas de rocío,
que me hicieron temblar,
llorar y sonreír.

tejiéndole un sol al desliz que nos brilló,
cuando, aunque afuera llovía,
en tus ojos me vi y en tus besos fui,
fui tan feliz.

he intentado recortarle
la nostalgia a tu recuerdo,
pero no tengo tijeras para podar,
lo tuyo no son memorias, son raíces,
como las golondrinas de las Rimas de Bécquer
algo tuyo me florece en cada rosa,
me crece en cada espina,
en la inmaculada perfección de esta orquídea rosada
en el cactus de la esquina,
en las hojas de borde limpio de aquella planta
que aseguran atrae al dinero,
o en tu sonrisa germinándose en la mía.
no se me da bien la jardinería, eso lo sabes,
solo sé que tengo una planta de sábila en la entrada
porque atrae la buena suerte, como esta de quererte.

fui tu aprendiz,
me enseñaste a hablar el lenguaje de tus acordes,
buscar un arte puro, simple y sin pretensiones,
a leer esa inflexión que hace del talento
un espacio donde se construye una voz.
me enseñaste que la flauta es paz,
que el saxofón es sexo y pasión,
la guitarra es dolor, el piano, ilusión,
a buscar cadencia en la percusión.

me enseñaste de la lluvia
y de los coros de otros vientos,
del silencio de tu sala vacía,
de acordes que afinaban un final,
de una tonada que no armonizaba más.

me enseñaste,
que en la voz de Silvio se esconde la tuya,
y que hay música en el fuego si lo enciendes tú.
me enseñaste, de la mano de Serrat,
que cuando nos alcance la muerte,
deberá ser frente al mar.

puedes hasta negarme
que ese día me querías.
haría un esfuerzo por creerte,
si quieres, hasta podría negarte
que ese día yo también te quería.

en el silencio de esa noche,
podría cantar contigo,
o simplemente cantar,
o simplemente contigo.
me desgarraría queriendo querer
que cuando la era este pariendo un corazón,
sea el tuyo o el mío.

si quieres podemos deshacer los besos,
los pasos del adiós que no hemos dado.
si quieres nos podemos negar,
pero negarlo no vale de nada
ese día me querías,
y yo también.

no hay mayor tragedia para un poeta
que una página en blanco y una pluma seca.
resistiéndose a perderle el pulso a esas musas
que caminan al olvido, como esa sombra
que en el cielo peca.

disfrazando con *emojis* un beso frío,
un abrazo triste, una mirada distante,
huyéndole a esa palabra de cinco letras
escondida detrás de un hablemos,
enmascarada en silencio,
detrás del miedo y la cobardía
de un hoy no puedo.

esa línea por mitad que no se llega a enviar.
ese *typing* mudo mientras te veo *online*,
esa escueta respuesta que esconde un nudo,
un truco,
un punto,
un final.
adiós.

atardeció en tus ojos,
lejos de los míos.
me llevaste a España esa tarde,
como periodista en guerra
desde la casa de Machado reportaste.

aquel edificio antiguo,
paredes que sin amar, tantos amores ocultaban.
imaginé, un balcón con flores secas,
ventana entreabierta, cortina sedienta de viento,
una silla vacía frente a la mía,
ese cenicero sin la sombra gris de tu ansiedad,
una canción lejana y distraída,
cantándole a esa cocina y
al negro hierro de su fuego,
que tristes la escuchaban,
sin entender lo que decía.
vacía.

el brillo de un sol que adormecía.
los colores de un otoño que,
distraída y absorta en la nada,
nada me decían, nada.
atardeció en tus ojos
y en los míos,
llovía.

cerrazón.
ojos en tormenta, anuncio de tempestad.
la bruma del desvelo escribe niebla
en pretérito perfecto, como tu beso último.
ese rayo a lo lejos
desolando en esta soledad
donde truenan mis recuerdos.
tifón de sueños que no despertarán.

léeme,
soy este libro en tus manos,
páginas abiertas de par en par,
llenas de versos encriptados,
que solo tus besos pueden descifrar.
léeme en silencio, susúrrame despacio,
como en un devocionario, con la lámpara apagada
y las ventanas cerradas,
léeme palabra a palabra,
léeme verso a verso,
hazme trazos, hazme trizas.

léeme ahí donde me escondo,
pasmada y temerosa de que caiga la noche
que segundo a segundo veo caer.
apaga el fuego de esa duda
que en nuestros ojos ya arde.
ahuyenta esa guerra escalando una pared
sin ladrillos por trepar,
que con golpes secos
sigue anunciando su llegada,
léeme las palabras que quieren
cantarle miel a la hiel de tu distancia.

estaba como Odiseo,
surcando a versos la orilla del mar
sembrando mi sal,
donde no se necesitaba más.
lloviendo palabras de hielo en tu desierto,
huyendo de la guerra por ti elegida,
cosechando perlas distraída,
tarareando e intentando no bailar
el son que las sirenas
me invitaban a cantar.

no sé,

te me notas cuando escribo
aunque no sea para ti.
al borde de esta página en blanco me pregunté
¿dónde se esconde la inspiración
de mi pluma cuando no estás?
no sé.

quizás en cuclillas escondida, detrás de un arbusto,
esperando a que alguien cuente hasta diez.
¿estarán en un cofre de cristal,
esperando ese beso que de la maldición
del sueño eterno, las arranque de una vez?
¿estarán detrás de una piedra
esperando resucitar si hay fe?
no sé.

yo, mientras, ando cazando
musas por doquier,
cerrando la puerta de la sala
o tomando el café,
bailando con la cigarra que sonaba
o en el destello de una lámpara apagada.

¡salte de mis letras
o escríbeme palabras nuevas!
ahí, en ese sin causa de tus efectos.
te me notas cuando escribo
aunque no sea para ti.

hoy es uno de esos días,
en que si te viera
al final de la noche,
te pediría un beso.
escudada en la nubla del alcohol,
deshojaría el silencio,
volvería a decir te quiero.

pero no es uno de esos días,
es uno de estos,
de los otros días
en los que solo puedo escribir,
cantar y suspirar aquel silencio
que con gusto deshojaría,
en los que solo queda esperar
hasta que vuelva a ser
uno de esos días.

Guerra.
noche de batalla
violenta y bizarra.
tiempo de duendes y dragones,
bandera blanca tus ojos,
pipa de paz tus labios,
señal de humo tu corazón.
que cante cualquiera,
que cante el que sea,
si el que sea canta perdón.

despedida.

se me han llenado las manos
de flores imposibles.
un ramillete lleno de besos
que se deshacen secos
con el polvo de tu ausencia al viento.
se me han llenado los ojos
de estrellas muertas
que se me deslizan secas.
se me ha llenado el camino
de cruces sin respuestas.

cantándome un concierto mudo,
afinando las cuerdas de tu ausencia,
ese pasillo de reflejos escondidos,
ese puñado de sombras que me asaltan y me asustan,
una secuencia absurda de palabras y de notas,
un do menor que me perturba,
susurro que me derriba una rima,
la obertura de este drama,
un pentagrama mudo,
una canción con el borde añejo
que me mira a los ojos
y te trae de vuelta a ellos,
el brillo que me regala aquel sueño absurdo
que viví como una pesadilla,
esa de la que despierto
cada vez que te olvido.

asumo el riesgo y la culpa,
de atreverme a definir a aquel que jura no saber quién es.
el minotauro es, desapacible, displicente
y desconfiado,
egoísta en modo supervivencia.
y reservado, altanero y misterioso,
demonio o santo según quien ponga el altar.

inaccesible, infranqueable e intransitable,
insalvable,
con un humor que a veces,
o casi siempre, suena a terror.

sonríe con donaire, chispa y agudeza,
una sonrisa que con gusto olvidaría,
pero ahora no puedo distraerme en explicarla.
tiene una forma de genialidad al hablar
de contar cuentos con ingenio y simpatía.
se cree rey sin corona y sin espinas.

es creativo, sensible, crítico, pensador,
preguntador y trotamundos,
actor de tantos castings, biógrafo de tantos sueños,
encantador de serpientes, turista y pasajero.
buen bailador.

enfático en prohibirme amar,
mientras hablaba de amor,
a creerle a la palabra futuro,
a no confiar en la palabra promesa,
ni en la suya, ni en la mía.
es espejo y sombra a la vez,
maestro y alumno irreverente.
el cazador de mi cuento,
hiena vestida de oveja,
lobo qué busca comer,

minotauro, dime tú,
¿eres quien quiero o
quiero quien eres?
o simplemente eres y te quiero.

entre los matices del desvelo,
me amenazan a mano armada
películas de desamor con finales tristes.
el misterio de una historia contada en zigzag,
el eco de un ruido mudo que me ensordece,
me acalla la crueldad de este silencio.

la sombra de una siesta,
al abrigo del sopor de esta duermevela,
mientras sonámbula, recorro a tientas
el espacio que se abre
entre lo que falta y lo que sobra,
entre lo que se canta y se calla,
ahí donde mis ojos buscan sin encontrar
la señal donde parquear.

ese tú, tan lejos de mi yo.
ese faro que en medio de la tormenta
no logro ver,
ese pozo seco del que no sale
ni agua, ni hiel, ni miel,
esa ecuación sin respuesta,
ese delfín sordo que salta
sin destino ni par.
esa roca sin firmeza,
ese iglú que me hiela el beso y la piel,
esa duda rodeada de papel celofán,
ese asteroide sin planeta
sobre quien dar la vuelta,
esa puesta de sol que no me da calor,
ese lazo que no se sostiene al viento.
la amenaza de un adiós.
ese tú,

                tan lejos de mi yo.

sana oportunidad

escuché con dolor de un amor
que tomo otra vía
en búsqueda de la felicidad,
lejos de la tortura que nos unía.

no entendía lo de sana,
si a mí me dolía,
ni lo de oportunidad,
si parecía una calle sin salida,
hoy entiendo.

hoy me toca cambiar la ruta,
cambiarme del carril que
en mis sueños llevaba a ti,
y darle a alguien más,
una sana oportunidad,
alguien que no canta a Silvio,
ni conoce a Serrat,
ni sabe de Sabina, ni de Fito,
ni sabe si Alejandro es Filio o es Sanz,
ni sabe si Ismael viene del norte o se va.

no serán tesoros sus minutos,
ni regalos sus canciones,
y no serán ilusiones las pequeñeces.
ni infinito el esperar.
simplemente será.

te tendré durmiendo tus mejores galas
en una cajita dorada sin bailarina
que cante en acordes de otro piano
todo lo que no pudo ser.

> te guardaré como una rosa,
> entre las páginas de un libro,
> para que, al abrirlo, tiempo después,
> su aroma me recuerde todo lo que canté.

hablándome de esperanza,
estaba Savater,
una que se marchitaba desesperada, como la mía.
de un futuro que se antoja radiante
aunque no tenga tu luz gritando mañana,
invitándome a declararme sin miedo,
a creerle a cualquier forma de eutanasia,
como está loca idea de dejarte ir.

había hecho planes para tus sesenta,
pensé en un viaje a Grecia.
habría empacado ropa ligera
y tenis para caminar.
recorreríamos la historia.
tu contándome la vieja
y entre ruinas,
yo, escribiéndonos la nueva.
compartiendo las gafas
para el leer el menú.
habría empacado un libro
que bien servido dé para dos.

habríamos llegado en barco,
en un camarote con vistas al mar
-aunque dijeras que era mejor ahorrar-
habríamos ido a cenar a un restaurante
como el de aquella postal.
amaneceríamos cantando igual que anoche
en una fiesta, sin pastel, sin sustitutos.
lo tuyo es o no es.

habrías intentado la lira tocar,
pintar de azul el tejado para ahuyentar el mal,
como este de saber
que no iremos a Grecia en tus sesenta.

lo que si sé, es que cuando vuelvas a Grecia,
que cuando yo vaya a Grecia,
nos cruzaremos en las flores de cualquier trinitaria.
te sonreiré en cualquier atardecer,
me esperarás a las afueras de cualquier hotel.
empacaremos cualquier memoria que nos asalte,
esas, donde estaremos siempre,
queriendo dejarnos de ser.

valiente tú,
que detenida
al borde del abismo del adiós,
te lías con detenimiento, el cinturón,
te pintas los labios de rojo,
te perfumas el cuello y el alma,
acaricias el gato negro y le das de beber.

bajas la cortina,
y detenida en el dintel te secas las lágrimas.
te cuelgas un bolso lleno de recuerdos,
te acercas a la puerta,
respiras ese olor a tabaco trasnochado
que sabes que para siempre te atormentará,
el olor del dueño de la llave
que San Pedro usó para abrirte el paraíso.

vistes tú pelo con audacia,
te ajustas la corona de reina y mártir en tu propia novela.
ciñéndote el vestido sales a vivir,
dispuesta, a que si las vueltas
no te llevan de regreso hasta su orilla,
te arrastren a otro mar.

me arrepiento de olvidarte,
como se me olvidan las cosas por hacer
meditar, hacer yoga, o sacar la basura
me arrepiento de llorarte, o de extrañarte, no sé.
hasta de esa forma de silencio que me enseñaste,
me arrepiento.

en la noche vacía, en el día distraída.
cuando huyo de esa canción dando *next*,
me arrepiento.

me arrepiento de un par de conversaciones
de saberte y de mostrarme,
de contarte, y de exponerme,
de desnudarme a tu lado, vulnerable.

me arrepiento de sostenerte la mano
esa noche saliendo del bar,
de haber brindado contigo,
de haberte dicho si.

me arrepiento entre otras cosas
de esa madrugada y su guitarra,
de la noche con su vino,
de la tarde y su café.

me arrepiento del flechazo,
de haberte conocido,
del tráfico que no me retuvo más,
de haber ido ese día a trabajar.

me arrepiento de haberte olvidado,
y de querer volver a empezar.

hoy
he vuelto
a verte.

ahí estabas,
volteando a verme
mientras caminaba, libre, sin ti,
sonriendo sin tu sonrisa
y cantando otra canción.
tú buscándome en la rima
que me sembraste,
yo colgada de la mirada
que en otros ojos coseché,
tú sonriendo, esperando que volteara,
yo por intuición, por miedo o por cobardía,
frente erguida, estómago sin aire,
corazón sin vida.
cuando tenía que volver la cara,
ahí en ese segundo en que mis nervios delataban
el ardor de tu mirada en mi hombro derecho.
debiendo voltear decidí caminar,
hasta hoy.
que te encontré de frente.

brindo por la hermosa certeza,
de mirarte a los ojos y reconocerte,
reconocerme,
reconocernos.
a pesar de la vida,
del tiempo,
del adiós,
del hasta luego,
del hola,
del he vuelto,
del otra vez,
es un sueño.

me hiciste recordar
lo que con la prisa había olvidado,
que no valen de nada las miradas si no te dan calor.
que no tienen más colores otras mariposas,
mientras no te aleteen los miedos
y te rompan a besos por dentro.

una utopía más,
ni me voy, ni quiero.
ni tengo, ni espero.
ni elijo, ni acepto
intentar olvidarte.

no me escondo en las rimas nostálgicas
que suenan en aquel clásico
que entre besos tarareaste.
ya no me escudo en el dolor ruidoso
del rock que cantabas.

ya no dejo de mirar ni espero
que el gallo nos despierte
ni que el olor a café nos de los buenos días.

estoy donde me dejaste,
ni voy, ni tengo lo que querías,
ni tengo, ni espero otra paloma,
ni elijo, ni acepto volverte a olvidar.
o será esto, acaso, una utopía más.

ni me voy, ni quiero irme de donde ya no estás,
ni tengo, ni espero lo que no me vas a dar,

cuando digo elijo, digo «te»,
y cuando lo digo,
me abre el alma una sonrisa,
una mariposa que tímida aletea
aterrada sin razón,
del mismo miedo
a la misma ilusión.

te elijo en la libertad a pleno vuelo,
la tuya o la mía,
puesta una en marcha, la otra en juego.

cuando digo elijo, digo «te»,
en el revoloteo incesante de tus pasos,
paradoja que me paraliza
sin saber si era paz o guerra lo que buscabas
ese día que el azar volvió a traerte a mi orilla.

te elijo
cuando se me llena el corazón,
como la luna que anoche el mar desbordaba
mientras tarareaba sentada en la orilla
los acordes que en otro tiempo me enseñaste.
cuando digo elijo,
digo tu risa, digo la mía,
mi poesía, tu canción.

no digo siempre,
digo todavía,
digo elijo
digo «te».

no escribo, me dejo escribir.

se me escriben suspiros,
se ahogan en palabras los te quiero no contados,
me sueñan sueños que se borran con cualquier *undo*.
me dejo escribir por el anhelo,
salta y asalta la musa,
letras que se arrastran,
comas y puntos caen
desde un agujero que no alcanzo a ver.
una avalancha de frases,
verbos sin conjugar me cierran el paso,
me anudan adverbios,
me visten el alma adjetivos que no alcanzo a detener.
se me apiñan jeroglíficos
que aspiran a cantarle a la ausencia,
verso prosaico que no logro hacer rimar.
me escribo mientras tecleo
con miedos, con errores o sin ellos,
con el alma en pie, y en las manos
un borrador con mil nubes tachadas,
plumazo que me desborda.
me escribo en el deseo de escribir:
escribirte en mayúsculas
escribirme a tu lado,
escribiente, no más.

vuélveme a bailar

sostenme donde tu pierna me calza,
donde tu piel me quiere, donde tu beso me alcanza.
márcame el paso con sigilo y sutileza,
ponme donde tu mano alcance el hueco de mi espalda
que hace frontera con mi ombligo.
susúrrame otra vez que no sabías que yo bailaba tan bien,
mientras bajo la cabeza entre risas que tejen el alcohol
y tu cercanía,
tan lejanamente anhelada. tan tardíamente alcanzada.

vuélveme a bailar como la brisa baila a las palmeras,
vuelve a tejer de anhelos el espacio que nos separa.
márcame el giro,
vuélveme a bailar y vuelvo a pedir dos cervezas,
un montón de estrellas, y la próxima la pides tú.
repíteme al oído el coro de ese viejo merengue:
"pídeme lo que tú quieras que siempre te lo daré"
báilame otra vez.

quiero creerte

cuando me miras a los ojos
y me dices, con la evidencia del presente,
que no hay mejor café que este
porque mi sonrisa está enfrente.

prefiero esa forma de mueca sin emoción
que oculta una sonrisa.
ese halago que velado disfrazas
cuando dices que de cumpleaños,
no hay más fiestas que esta,
porque estás brindando a mi lado
y en mi mesa.

prefiero esa mirada
que le das a mis labios rojos
cuando me descubres
sonriendo a los tuyos,
escudada en un falso decoro.

prefiero tu discurso
cuando elegimos esta discusión existencial,
jugueteándonos los dedos
entre risas y exabruptos,
discutiendo sobre comunismo,
redescubriendo al marxismo
y apelando al vacío, el de la era,
el del modernismo,
bordeando el mismo abismo.

prefiero la convicción
que le das al hoy,
esa que tienes del momento
en el que rehúyes del silencio,
mordiéndome un te quiero
soñando con tu igual.

prefiero lo que no tengo.
no hay nada de eso en este presente
que se escribe a un brazo de distancia,
que hiere, siente y resiente.
un abrazo que teme al abrigo,
una cómplice lejanía, una cercanía
que protege y resguarda,
que quema, se asusta y se pasma.

no quiero más futuro de este incierto,
de este pacto que tenemos firmado,
del que salto y me desmonto cada vez,
con la herida al descubierto.

prefiero el sabor tostado y amargo
de ver el futuro en las borras de un final,
no hay mejor café que este,
sin ser catadora, lo sé.
pero si es lo único que tienes,
prefiero decir "no, gracias."
no quiero más café.

aprendí.

hace poco descubrí que aprendí más de ti
ese día en que se rompieron las filas,
que en esta eternidad jugando a conocerte
a un brazo de distancia y con el alma oculta,
bajo una capa de hielo al sol tendida.

ese día en que se cayeron las defensas,
en que se cosecharon las dudas
y se hizo cuerda la locura.

en el espacio que nos faltaba,
en el suspiro que nos sobraba,
descubrí
la fuerza que escondía
el aleteo de esa vieja mariposa
que en mi pecho aún ardía.

aprendí que para mí, a tu lado,
sabe distinto el café,
que es más caliente el té,
y más frío el frío, si me lleva a tu abrigo.

señal.
hay algo nostálgico en este frío
que me deshoja un sentimiento,
algo melancólico en mi piel,
algo mío en el helado viento
que le recuerda tu gemido a mi aliento,
algo tuyo en el temblor de
aquel rayo de sol que salta de la madera y
se escurre entre mis ojos,
me calienta la sonrisa
y le devuelve a mi rostro el calor del tuyo,
a mis labios tu cuello.
hay algo nuestro en esa sombra
que me acuna el sueño,
que mece el deseo,
que me enciende el corazón
y me empuja a abrazarme a esta manta con tu olor,
susurrando como quien quiere, cantándote al oído
"hacerte venir"

identidad

somos eso que somos
cuando estamos solos.
eso.
eso que vemos, cuando cerramos los ojos,
la armonía del silencio cuando callamos,
la insubordinación de mis manos
la rebeldía de tu aliento,
insurrección. sin culpa. sin perdón.

somos ahí,
en ese ruido donde nado expuesta,
voluntariamente indefensa;
ese mar donde caminamos
aunque no le tengas fe.
lo que es, lo que no es.
amigo y enemigo a la vez.

somos eso,
el peso de la sentencia,
de este acuerdo de rompernos
el acuerdo de no ser,
y aun así, seguimos siendo, lo que somos.

somos eso,
eso que somos cuando estamos solos,
ese somos que creamos
deconstruyendo miedos y vergüenzas.
somos ahí,
en los versos rancios
que no alcanzamos a guardar,
un futuro que no hemos comprado,
un presente desierto de los besos
que no nos rozan más.

somos,
eso
que dejamos de ser,
cuando nos despedimos,
hasta la próxima vez.

la de Putifar

a mí no me tomes por geisha,
ni por bailarina ni por actriz,
ni princesa, ni condesa,
que no te tomo
ni por caballero, ni por amo.
tómame por mujer,
la de Putifar si quieres,
peligrosa y hasta fatal
según quién cuente
la historia y su final.

ni ramera, ni cabaretera,
bruja o maga quizás.
ni matrona, ni doncella
ni camarera, ni maniquí,
ni a mí por fulana
ni yo a ti por galán.
no me tomes
ni por costilla, ni por mitad
que no eres serpiente,
y no te tomo
ni por mío, ni por Adán.

tómame por risueña,
por sensual, por casi bella,
hada o diosa, diva o hechicera.
tómame por carrusel,
tómame por trapecista,
tómame por mujer,
de esas que en sus poemas
descompone Baudelaire.

clímax

me confieso fanática
de tu recuerdo, en general.
en especial,
a los de tu respiración en mi piel,
a veces, como ayer,
flaquean las barreras
con que contengo el deseo
y se escapa galopándome por dentro
mientras me hechiza y me excita.
me deshoja en suspiros,
me rompe en gemidos.
me quiebra.
me siembra la sombra
de un ardor vehemente y anhelante.
cuando al cerrar los ojos,
le gana tu recuerdo
a la ausencia o al olvido.
me abraza un leve temblor en mi sonrisa.
me flaquean torpes las piernas
y una risa ridícula.
me arropa el sueño,
la paloma de aquel tipo de paz,
ese remanso tan corto
ese sosiego tan frágil,
este tratado de libertad,
esta forma de soledad,
este tipo de final.

descubrir su voz no es el pendiente,
me dijiste, es creer en ella.
"es usted buena poeta
cuando se deja leer."
"¿de quién se oculta.?"
me preguntabas. *"¿a quién le teme?"*

entre letras de Pessoa fingidora me llamaste,
pintando de utopías mi realidad,
como hago ahora.

a ser como Cervantes me invitaste,
que al crear en cada voz,
busca divertirse y lo logra.
como hago ahora.

caminaste sobre mí como Sócrates,
con su mayéutica y su ironía,
disparándome preguntas,
pariéndole verdades a mis fantasías.
sacándole chispas
a esa contradicción sin sentido
que me conoces tan bien,
esa duda que me certezas cada vez.

el golpe que anticipo de tu ironía,
que llega en exceso y a destiempo,
como siempre.

si me permites utilizar la palabra reto,
me retaste, a intentar ponerle letras al aire,
de bordarle luces al sol,
como hago ahora.

intentar perseguir, como dice Ovidio,
que la flecha que tengo tatuada,
encuentre tu diana.
como hago ahora.

¡qué bolá!

te colaste en mi equipaje.
me sorprendiste al doblar de la esquina,
en ese bar que entre lágrimas,
con chelo y saxofón, cantaba tu canción.
en cada color que reconocí
de la última vez que me contaste
la historia de Batista y de Fidel.

eras tú en el verde de aquella pared,
en el tejado deshecho,
en la hoja de tabaco,
escondido en aquel humo que no era tuyo.

te encontré en las cien preguntas
que, enredadas en mi ropa,
intentaban hablar a un tiempo
de ritmo y de pasión,
de lucha, de libertad,
de música, de fuerza, de verdad.

te colaste en mi equipaje
te sentaste a mi lado y me invitaste a bailar,
Hemingway discretamente
nos veía sonreír.

me llevaste en un carro rojo por carruaje.
me asaltaste por detrás en la Plaza de la Revolución.
me llevaste de la mano cuando intentaba cruzar el malecón
para ver de cerca el mar.
me sostuviste el sombrero a la entrada de aquel bar.

no lo niegues, eras tú,
bailando guaguancó
en el Buena Vista Social Club.
no lo niego, era yo,
esperando que en mi equipaje,
te hubieras colado.

cosecha

¿qué pusiste en esa copa
que ahora blandes frente a mí?
¿quién era esa uva que envejeció
en un viñedo argentino?
¿quién escogió la gota
que alzó el vuelo hasta mis labios
para que hoy, catando lágrimas en el cristal.
al levantar tu copa,
dijeras *"por nuestros sueños"*,
justo antes de sonreír?

¿cómo no levantar
la uva, la gota, la copa,
que trajo esta sonrisa hasta mí?
¿cómo no brindar con este vino
que yo blando frente ti,
si la otra mitad de esta
agua y de este fuego
que me arden por dentro,
te la tomas tú?
¿cómo no sonreír?

quizás,

esos planes sin fecha
que suenan más a sueño que a cantos de realidad.
ese *"algún día"*
que no encuentra hueco en mi calendario.
este génesis sin paraíso.
el tesoro de ese beso escondido en un mapa
que no tiene X, ni las orillas quemadas.
el gemido mudo
de este beso que no sé dónde está.
ese arcoíris sin cubo de monedas
ni al principio ni al final.
ese lugar sin tiempo,
ese cómo sin respuesta.
esa esquina donde mis ojos te esperan,
ese otro que no queríamos ser.
ese juego de béisbol sin reglas,
esa pesadilla donde te veo
cuando te sueño despierta.

yerro

¿por qué no dejaste correr
el agua sabías que no ibas a beber?
¿cómo fue que terminé construyendo recuerdos
que me susurrarán tu nombre y tus besos
cuando te haya olvidado?
en el semáforo en rojo,
en el Pare que nos saltamos,
ese cruce,
ese camino donde no doblamos.

¿cómo fue que vestí con prisa tu presencia?
¿cómo fue que, sin saber, vi peor
que el ciego que no quería ver?
¿cuándo dejaste para mañana el hoy a mi lado?
¿cómo quise encontrar cenizas donde ya no quedaban?

ni corrió, ni voló, ni resistió cien años
madrugué y sin ayuda me quedé,
no fui cortés, ni fui valiente.

hoy no tengo
ni el pecador, ni el pecado,
ni cantó el gallo, ni hubo otro clavo.
¿cómo fue que terminé gimiendo refranes
para no cantar verdades?

¿será que somos, o no?

algunos días me da por preguntar y pregunto.
¿te has detenido a pensar que además de copa y cama
podríamos terminar tú y yo compartiendo, además
del amor, los demonios y sus mañas?
¿que podría ser que me iluminas
una sombra en cada mirada?
¿que nos arrancamos el disfraz de acertijo
cada vez a que verdad o reto nos jugamos?

¿será que estallamos sin mechera y sin fuego?
¿que nos descubrimos los miedos?
¿será que cuentan tus muertos una historia
distinta al pacto de dejar de ser lo que no somos?

no quiero historias,
ni del pasado que no tienes,
ni del futuro que te sobra,
o del presente que preferirías no tener.

quiero el concierto que nos cantamos.
quiero el poema que nos escribimos.
quiero el libro que nos leímos.
la historia que nunca seremos.

no quiero predicciones astrológicas
que me hablen de retrogradación,
o de si tu signo es veneno o es pasión.

eso lo leí en la carta de tus labios
la primera noche que te besé.

como cuando nos llevamos
al borde de un precipicio
con cara de despeñadero,
a ese acantilado que visto de lejos
parece un farallón de olas ausentes.

en la imagen de ese caprichoso espejo
que nos refleja duende y hada,
vampiro y bruja, demonio y virgen,
cristo y prostituta,
esa voz que habla por nosotros
sin cédula de identidad.
tanta diferencia en coincidencia.
como piezas sin ser rompecabezas.

será que al saltar aterrados,
será que al caer exhaustos,
al final, tendidos sobre el suelo
todo tiene sentido y volvemos a pensar
que tuvo razón de ser el verbo amar.

arcano trece.

estás en el filo de esa pluma
que me acaricia
intentando curvarme la sonrisa,
en la cuerda de esa guitarra
que me desgarra las musas.

en el silencio de esa nota,
letra ciega que me cierra el paso,
que me suspende un suspiro
en el borde de tu aliento.

en el ruido de ese adiós
que rompe el eco
que me dejas por dentro.

estás aquí, con los pies enterrados
en las arenas de mi cuerpo,
desarmado y deshecho.
enajenada y de puntillas
sobre una espina me tambaleo.

estás en las túnicas de ese monje
de dolor rasgadas.
no estás donde fuiste, estás aquí,
clavado en la cruz de mi recuerdo,
muriendo,
muriéndonos.

SabinaBar

me robaste el bar de la esquina.
cuando al llegar el barman me preguntó por ti
se estrecharon las paredes del paraíso.
elocuente respondí y logré sonreír,
sin embargo,
se me hizo turbia la niebla
un silencio me calentó el corazón.
cambié de silla y de mesa,
cambié el trago y hasta el codo del lado.
cuando sonó esa canción
que en mis sueños me atrevo
a llamarle nuestra,
el primer acorde me hizo sonreír,
el último me hizo suspirar.
brindé contigo
en el reflejo de ese espejo
dónde creí verte llegar.
dije ¡salud!, sin ti.
ahí en ese lugar,
donde he sido feliz
y aun así volvería.

ensueño,
perdí, en un pajal llamado silencio,
mi última utopía.
esperanza que de repente
color musgo se tornaba
se ensombreció el polvo de mi hada,
se cansó el malabarista y rodaron 6 pelotas,
se perdieron dos rojas.
se espantó la brisa de esa madrugada
que me susurró tu nombre,
que me rompió el sueño y me acunó la despedida,
el vacío de esa pesadilla en la que se pierde
mi tiempo sin mí cuando estoy contigo.
cerraron las cortinas sin beso de cortesía,
el sombrerero ni fue loco ni fue rey.
usé en aquella fuente mi última moneda,
pedí un deseo

me fui sin él.

cuarentena

he creado un *playlist*
lo llamé *"para cuando vuelvas"*.
he ido agregando cada canción
en la que el acorde de una guitarra,
el desgarro de una voz, o la sorpresa de un gemido
en estas noches de encierro,
me recordaron a una jaula entre copas, media luz,
y otra copa que sabe cómo decirme salud.

tengo una nota donde llevo con detalle
las historias que no quiero olvidar contarte.
desde la última madrugada cuando te despedí,
esas que me sacaron a patadas del paraíso,
donde alegre jugueteaban los recuerdos de una libertad
que sin saber perdí.

que hace poco confundí el trinar entre dos aves,
uno resultó ser cuervo y el otro colibrí.
quiero contarte que Savater,
en el último libro que le leí,
me convenció que sé poco de filosofía.
me sorprendí al descubrir a Pitágoras y la armonía
de saber qué tanto de sofista hay en ti,
qué tanto de Epicuro me haces ver en mí.

te contaría de lunes sin café,
madrugadas de martes que no son para dormir.
que hay canciones que no son para escucharlas sola
porque se me hace agua la boca sin tener tu piel para beber.

te diría que tengo queso y paté
coñac, ron y chocolate, pan y vino,
un poema, un sillón, un vestido azul,
y un *playlist* que se llama *"para cuando vuelvas"*.

te contaría que hay recuerdos
que me tocan cuando te pienso,
que no se me despierta la sonrisa cuando te sueño.

lléname el silencio de esta noche,
ese en que ni los grillos cantan,
ese en el que solo se escucha sonar
el playlist que creé
para cuando vuelvas,
para cuando puedas volver.

me sabes tanto.
tanto que con cierto esfuerzo podrías adivinar
de qué lado de la cama me despierto,
cómo me tomo el café,
lo que me gusta para desayunar,
y dónde dejo tirada el pijama
cuando me entro a bañar.

sabes lo que temo, de las serpientes que me escondo,
el veneno que me mata, la red que me atrapa.
la carrera en la que huyo cuando no me persigues más
pero ignoras qué música escucho cuando voy a trabajar,
mis rabietas en el tráfico,
o lo que anoche pude soñar.

sabes de mi amor, de cómo me afecta el alcohol
cuando brindo con tus ojos o por ellos.
pero no sabes si me como la manzana sin pelar
ni si tú eres mi Ádán.

predecible te resulto. vaticinas mis sonrisas,
pero ignoras cuántas vitaminas tomo cada día.
no me has visto pelear por un turno en una fila.

sabes que te mostraría
lo que soy y lo que hago,
las aguas en que me hundo al escribir,
la tabla que me salva cuando leo,
la frase que me hiere
en aquel libro que con gusto a medianoche
leería para ti.
sortilegio aparte, me sabes.
suspicaz intentas adivinar
la cueva donde se me esconde Peter Pan.
donde guardo los besos que me chillan por dentro,
los silencios que me gritan las pistas del crucigrama.

para saberme tanto, ciclope al fin,
fracasaste al medir el alto que elegiría no saltar.
para conocerme al dedillo, mi revés y sus costuras,
te perdiste las sombras de mi jungla,
los verdes de mi bosque,
y los negros de mi mar.
para saberme tanto, no anticipaste
el Danubio en aquel ultimo vals,
ni que dejaría tu sudoku sin terminar.

      no valió de nada la telepatía,
      me sabes, lo sé,
      pero no pudiste ver en mi último te quiero
      la despedida.

no te calzaban mis pasos.
no tenía mi amor el size de tu zapato.
no tenían mis besos un color que combinara.
no pude, aunque así lo quería, sostener en mis manos
una paloma que cantara paz cada mañana.

inicié el reclamo de la libertad que,
puestos a poner, quise poner en garantía.
sin leerme las letras del contrato, que decían que tú,
como el carpintero, de palma en palma ibas.

no hubo traspaso de ropa ni pertenencias por dividir,
no teníamos cuentas por cancelar y sin embargo siento
que te llevaste de lo que tengo, la mitad.

me quedo con los viajes que no viajamos.
nos perdimos el paracaídas, no vimos museos en ultramar,
no hubo noches de mariachis, ni rondas de tequila,
ni ruedas de esa ranchera que agendamos bailar.
ni el tango, ni el vino, ni la casa de Sábato fuimos a buscar.
no vimos ni castillos, ni puentes ni catedrales,
ni anduvimos en silencio el camino de Santiago
quedó esa especie de ruina de saber que no habrá
ni ropas por lavar, ni ampollas por curar.

pendiente quedó leerte en la cama
y que me masajearas los pies.
cantarte "la vie en rose", declamarte los besos que te soñé.

sobraron diez preguntas, esas que ni en tiempos de dudas
me atrevería a responder; me quedaron la lógica y las espinas
que en alguna madrugada dejabas sembradas
con el arado en las manos, yendo sin mirar atrás.

me quedo con tus voces. se que tienes más.
partamos la guitarra a la mitad, aunque no la sepa tocar,
vuélvete con tu caja vacía,
que yo me quedo con el mástil y sus clavijas.

a Silvio, te lo quedas. yo me quedo con Serrat.
sé que vas a esa ladera, aunque no quiera.
y aunque me duela, no te detienes más.

el talismán de tu aliento en mi cuello,
si no te molesta me lo quedo.
he pensado en aquello de los besos
pero creo que estamos a la par.

te he embargado 4 gestos, para que no los uses más,
la palabra catarsis que yo era para ti,
tu beso en mi frente, tu cigarro en mis labios,
y esa sonrisa al brindar.
todo lo demás te lo puedes llevar.

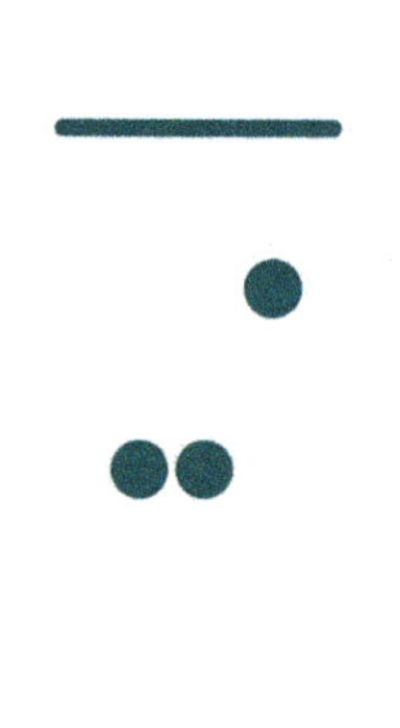

www.ingramcontent.com/pod-product-compliance
Lightning Source LLC
Chambersburg PA
CBHW041209150726
48006CB00016B/2179